Philippe Paré

LA VIE SPIRITUELLE DES GENS PRESSÉS

Éditions Nepsis-pare

Préambule

Ce petit recueil de pensées spirituelles témoigne de la possibilité de vivre une vie intérieure fondée sur l'expérience de Dieu dans le quotidien de nos engagements. Il peut être lu par bribe, sans tension, dans la fugacité des instants de disponibilité. Il convient aux gens pressés. Il suffit au lecteur de butiner ce qui peut l'élever et lui apporter un surcroît de joie dans la vie de tous les jours.

Ces pensées veulent nous aider à saisir, grâce à l'intelligence des profondeurs, la beauté du monde et de la communauté humaine. Elles nous invitent à pénétrer sans austérité la connaissance du Dieu vivant capable de transformer les êtres.

Elles s'adressent particulièrement à notre époque ; elles ne demandent aucun préalable. Elles rejoignent immédiatement les zones de l'être profond, lieu de liberté, d'émerveillement, d'épanouissement et de paix.

Une tout autre sollicitation

D'instinct, nous sommes attirés par des sollicitations extérieures à longueur de journée diffusées par des médias de nature différente. Notre être (cœur, esprit, volonté, corps, sensibilité) est comme propulsé, mû par de multiples invitations. Mais il existe un instinct plus profond, une nature première qui constitue une tout autre sollicitation. Comme un germe caché : c'est l'intériorité. Elle est délicate et n'entre jamais par effraction, elle affleure parfois et ride notre surface, puis elle replonge dans les abysses de notre être.

Nous sommes, à titre tout à fait personnel, fait pour cette sollicitation primordiale, pour cette préférence décisive. Elle constitue un chemin unique, libre et heureux.

Comme la dégustation d'un grand cru remet le vin de table à sa juste place, cette sollicitation intérieure remet de l'ordre dans la pluralité des appels.

L'attention du cœur

L'inattention accélère le temps et affadit son déroulement en aplanissant les événements, les rencontres... Être attentif enrichit chaque moment préalablement terni par notre indifférence. L'attention du cœur transforme la durée en une histoire personnelle pour soi, pour les autres et pour le monde.

Structurée par l'émotion du cœur profond, notre vie prend alors le relief qu'elle mérite et s'oriente naturellement vers ce à quoi elle est appelée.

La vie intérieure

La vie intérieure n'est ni un repli, ni une diminution, c'est un déploiement de vie, une aventure interne sans limites qui s'oppose à la limite des circonstances extérieures. Nos échecs les plus criants ou nos succès les plus flamboyants se perdront dans l'océan du temps. Nos gains ou nos pertes sont en partie extérieurs à nous-même.

Ce qui durera relève de la qualité de nos intentions, de la beauté de notre cœur, de la transparence de notre esprit. Cette exploration pour aller vers ces buts constitue notre aventure intérieure.

À nous de trouver les bonnes balises.

La qualité de réflexe

Nos journées sont jalonnées de micro-temps morts qui sont aussi des temps de transition. Entre deux rencontres, deux rendez-vous, deux impératifs... Ils se manifestent par la traversée d'un couloir, un court trajet, un moment dans un ascenseur, l'ouverture d'une porte...

Ces temps sont des opportunités répétées pour nous recentrer sur notre intériorité. Retour sur le cœur profond, sur l'intentionnalité...

Nous pouvons cultiver des micro-pensées pour ces laps de temps, comme une qualité de réflexe qui se réalise spontanément : remerciement, gratitude, louange, empathie... Les mots du cœur profond remontent dans notre quotidien et le colorent.

Les temps morts deviennent des temps de Vie !

Notre alignement

Le mouvement qui va de l'intérieur vers l'extérieur est le plus transformant. Il pourrait se traduire de la façon suivante : de notre silence intérieur à notre parole prononcée et de cette parole à nos actes. C'est notre alignement.

Nos paroles performatives

Nous pouvons composer pour nous-même nos propres paroles fondatrices, celles qui résument ce qui compte le plus pour nous et qui orientent notre existence. Ces paroles profondes et fécondes se trouvent dans notre âme.

Pour moi, conscient que Dieu est la source de l'Amour qui me crée et me fonde, voilà la parole qui oriente ma vie :

« Tout aimer car aimé totalement ».

Ressentir la présence de Dieu

Parfois, sans préavis, nous ressentons la douceur de la présence de Dieu. Quel que soit le moment, quelle que soit l'incongruité du lieu, nous savons, d'une certitude sans preuve que par nous participons à la vie divine. Au cœur du monde, un regard de tendresse plonge au plus profond de notre âme. Ce moment qui nous embrase est sans paroles.

Chercher à décrire serait diminuer.

Simplement espérer qu'il soit transformant pour nous ajuster encore un peu plus à ce que nous recevons... Cette connaissance dans l'inconnaissance redit notre insignifiance et exhausse encore davantage la grandeur de Dieu. Nous sommes bien plus que ce que nous croyons et bien moins que ce que nous imaginons.

Chaque instant porte des enjeux d'éternité et nous invite sans violence à harmoniser nos vies. Chaque instant est une marque de tendresse qui redit toute absence de contrainte. Il y a comme une supplication de Dieu, témoignage ultime de toute sa bienveillance. Notre part est gratitude.

Un chemin de transformation

Il est possible de définir l'être chrétien par la négativité : ce n'est ni un état stationnaire ni un idéal, encore moins une nostalgie, ce n'est pas une conformité. Ce n'est pas non plus une appartenance. Cette définition n'est pas suffisante. Il est préférable de le définir par la positivité : être chrétien, c'est se savoir aimé ; c'est accepter d'être choyé par Dieu.

S'ensuit alors un chemin de transformation, une dynamique de transition qui voit l'horizon se dissiper au fur et à mesure que nous avançons.

C'est entrer mystérieusement dans une attitude de confiance qui, progressivement, fait préférer le point de vue de Dieu au sien propre. Cela ne se laisse pas toujours observer. C'est être aimé en dépit des obstacles, des trahisons et des mauvais choix, mais surtout et avant tout, c'est être aimé pour notre générosité, pour nos ouvertures, au sein même de nos blessures.

Il nous suffit de semer la graine infinitésimale du premier désir.

Cet amour n'exige aucune condition préalable car Dieu lui-même a totalement réinstauré la relation divino-humaine comme éternellement inconditionnelle. Alors, une seule rencontre définitive suffit car Dieu agit.

Sa présence nous rejoint

Notre profondeur est liée à la présence du divin en nous. Cette présence n'est pas mesurable, elle n'est pas statique, elle est appelée à se creuser.

Il existe comme deux profondeurs : le néant qui peut nous emporter dans son abîme et la transcendance qui nous attire dans son amour. Cela est en partie semblable à la marée avec l'attraction lunaire de flux et de reflux. Cependant, l'insondable profondeur divine ne sera jamais dépassée par le gouffre du néant.

Elle descend sans limites et remonte sans butoir.

La descente porte désormais en elle-même la remontée.

Le manque d'espérance n'est pas de tomber, mais de penser que nos abysses sont hors de portée de Dieu. Le désespoir est possible, mais Dieu ne cherche qu'une seule chose : que nous laissions Sa profondeur venir nous rejoindre, nous saisir, nous étreindre longuement et nous relever.

L'éternité se joue maintenant

Notre condition humaine nous polarise sur la discontinuité entre notre vie sur terre et notre vie dans l'au-delà. Cette rupture paraît brutale et violente. Elle provoque de douloureuses séparations et génère l'incompréhension.

Notre vie spirituelle nous fait pressentir une mystérieuse continuité.

La passerelle vient progressivement nuancer la rupture.

La douceur des éclats de la Vie éternelle constitue, souvent sans l'observer, comme une préparation.

Ordinairement, la vision de la perte n'est que trop rarement compensée par la connaissance des gains ultimes. L'intériorité offre cette pédagogie. Les instants de joie totale en écrivent la préface.

L'ouverture à Dieu dans les temps de gratuité atténue l'épreuve dans les temps de gravité.

Encore une fois, la prévenance de Dieu est immense, Il désire la rendre perceptible.

La fraternité

Parfois nous ne souhaiterions que la solitude, parfois nous désirons la compagnie des hommes. L'autre se tient de toute façon devant moi en proximité ou en éloignement, physiquement ou bien en pensée. Il est présent par ce qu'il promeut, par ce qu'il combat, par ce qu'il aime ou par ce qu'il nie. Il est présent par la parole proférée ou par l'acte posé.

Mais avant toute chose, il est aimé de Dieu.

La fraternité le rend plus proche que nous ne l'imaginons.

Aimer l'autre ne signifie pas confondre l'agneau de La Fontaine et l'Agneau Immolé. Déjà, ne pas vouloir transformer une incompatibilité spontanée en antipathie volontaire est un acte charitable.

Désirer le bien de l'autre est un pas de plus.

Le stopper dans ses actes destructeurs est un devoir, l'encourager dans son agir positif témoigne d'un humanisme.

Désirer son bonheur éternel relève d'une dynamique spirituelle.

Rien ne s'oppose, tout se complète. L'intériorité révèle, de façon toujours plus merveilleuse, la contemporanéité des réalités humaines. La totalité appartient au Seigneur.

L'intégralité

Trois déclinaisons sont possibles pour décrire la vision intégrale de la personne humaine.

L'intégralité prend en compte toutes les dimensions de la personne : le corps, l'intelligence et la volonté, les émotions et les sentiments, le cœur profond. Ces dimensions constituent des balises personnelles dont l'inséparabilité fait la force. Elles sont en cohérence quand elles sont orientées vers un but que nous aimons. Notre puissance réside dans leur unité.

L'inconstance de notre vie trouve là les éléments d'une permanence de sens et d'engagement personnels.

L'intégrité désigne notre alignement personnel entre notre agir et nos croyances, entre nos actes et nos valeurs, entre nos paroles et les faits. Elle convoque un travail intérieur, celui du maître verrier qui recherche la transparence la plus pure.

Elle est offerte au monde et diffracte les rayons de l'inspiration divine.

L'intégration exprime notre relation au monde. Ce dont nous sommes porteurs et ce vers quoi nous souhaitons nous diriger coloreront nos liens avec la communauté humaine.

Cela nous permettra tout aussi profondément de choisir les voies d'engagements les plus fructueuses.

Une harmonie en profondeur

Les contrastes structurent nos journées : les alternances de nos états d'âme, notre énergie en crue ou en décrue, les paroles constructives ou blessantes, les décisions heureuses ou les erreurs, les événements positifs ou régressifs, les gains de temps ou les pertes... Mais il existe une harmonie voilée par nos antagonismes. Elle reflète la permanence du Bien que Dieu nous fait. Alors, notre propre vision se renouvelle sans cesse et réinscrit les soubresauts dans une ligne de fond plus invariante.

Déceler l'illusion des apparences et orienter le regard plus en profondeur permet de repérer les aspérités qui provoquent en nous des remous disproportionnés.

Dans ce même ordre d'idée, certains émerveillements sont négligés car ils sont de la même nature que cette harmonie profonde et restent sous l'écorce.

Dans l'océan, nous plongeons sous la vague pour éviter d'être emportés dans ses remous, puis nous remontons dans le ressac, alors soulevés par la vague mais non submergés.

Notre juste place

Nous avons parfois l'illusion d'être à la hauteur de ce que nous prétendons. S'il nous arrivait de nous comparer, à partir de nos échelles de valeurs, nous pourrions nous consoler ou bien nous désoler. Nous resterions dans la relativité...

Mais... devant le Seigneur, la situation est tout autre. Nous rencontrons l'incomparable. Nous passons dans l'absolu.

Sa grandeur dépasse tout ce que l'on peut imaginer. Notre véritable place apparaît dans son insignifiance. Je comprends l'apophatisme des anciens, cette impossibilité de désigner, de contenir dans les paroles l'immensité de Dieu. Nous serions comme écrasés si sa bonté n'avait pas la même grandeur.

Elle prend la forme de son effacement.

Alors toute prétention disparaît, la juste place est celle que nous Lui laissons.

La vie spirituelle

Les champs de lavande embaument la campagne de Provence. Leurs parfums nous ravissent. Nous humons leur évanescence.

Les huiles essentielles sont contenues dans les parties fragiles de la plante : les veines et les cils. L'extraction demande beaucoup de soin et leur préparation exige de la méthode et de la patience. Ces extraits naturels et extrêmement concentrés apportent un mieux-être par le renforcement des défenses immunitaires, par le soulagement des douleurs… Elles œuvrent de façon préventive et curative, à travers un effet stable dans le temps.

Par analogie, nous pouvons humer de façon distraite les réalités spirituelles diffuses et en bénéficier. Nous pouvons aussi chercher à extraire ce qu'il y a de plus qualitatif.

Nous ferons alors l'expérience analgésique ou stimulante de la prière intense.

Notre être intérieur connaîtra le renforcement, la souplesse, la vitalité issus de ce travail de concentration.

Notre visée, l'essentialité ?

Écouter le cœur profond

Le trouble, la crainte ou l'appréhension s'immiscent souvent dans nos vies. Ils sont fondés et nous sommes parfois en mesure de les expliquer. Parfois, une indéfinissable inquiétude, plus latente, s'installe dans nos cœurs. Prend-elle toute la place ? Peut-être avons-nous seulement perdu la conscience de la Paix qui existe en nous, cachée, sans avoir disparu.

Chercher où elle se trouve dans le cœur profond devient la quête qui remplace l'inquiétude, c'est la recherche spirituelle.

L'insatisfaction du cœur profond

Il existe aussi l'insatisfaction du cœur qui souffre de ce qui n'est pas réalisé dans l'ordre du beau, du bien ou du bon vers lequel l'arc de nos vies reste tendu. Viser trop bas ne la réduit pas.

Écouter le cœur profond, dans le silence des instants fugaces ou lors de moments plus dilatés permet de regarder la boussole du cœur.

Tu as du prix à mes yeux

Se croire oublié est une grande souffrance et convoque une vie fondée sur le désir d'estime. Cela ne cesse de provoquer la recherche d'une identité dont l'origine serait une quête d'approbation…

Si nous savions à quel point nous sommes personnellement cher aux yeux de Dieu, cela allégerait bien des choses.

Alors, notre identité n'est plus une obsession car elle est donnée par Dieu.

Ce qui entoure l'identité appartient aux circonstances sans les amoindrir. Celles-ci sont situées à la bonne place.

Laisser Dieu entrer

Plus notre vie intérieure est nourrie de la présence de Dieu, plus il nous remplit de cette même présence alors même que nous ne l'observons pas. Nous lui laissons une place. Laisser Dieu entrer, c'est Lui donner un espace d'action qui nous dépasse car rien ne peut le contingenter.

Dans notre quotidien personnel ou professionnel, nous portons et nous amenons Dieu agissant. Notre présence devient un *mysterium*, nous sommes théophores.

Sans vouloir rien mesurer, la Sur-Présence est là.

La volonté de persuader ou de convaincre s'amenuise. Nous ne faisons jamais la plus grande part des choses. La marque de notre confiance est parfois notre effacement.

Notre intériorité constitue *de facto* un acte collectif et communionnel.

Parfois seul sans être solitaire.

C'est un des modes de présence de Dieu dans le monde, via la médiation de la liberté humaine.

La joie

Il nous faut parfois réapprendre à éprouver la joie.

Le visage des hommes montre son inévidence.

La joie vient de la source et se jette dans l'océan de la charité.

L'Esprit rend le fleuve navigable.

S'arrêter

S'arrêter quelques instants et reprendre contact avec notre zone de centralité. Passer au « *JE* » le plus intérieur en dehors des « *moi* » trop attendus ou trop projetés sur le monde. Réduire notre état d'indisponibilité.

Aller encore plus loin, augmenter la disponibilité du cœur et son ouverture à Celui qui y fait sa demeure : notre Dieu éternel.

Garder ces verbes à l'infinitif sous une forme non conjuguée qui ne varie pas en fonction des personnes… Un mot unique : le Verbe.

L'importance et l'urgence de s'arrêter.

Laisser une chance à l'irruption de Dieu dans notre propre histoire pour ne pas lui reprocher de ne pas venir, alors même qu'Il est là.

S'arrêter.

Sa Sur-Présence

La souffrance est inacceptable ; souffrir de voir souffrir, souffrir d'impuissance est pire encore. C'est un scandale de ne pouvoir la supprimer.

Elle n'est plus étrangère à Dieu, Il est entré dedans. Il ne l'a pas voulu, Il ne l'a pas subie, Il a choisi le combat pour nous.

La Sur-Présence de Dieu est au cœur du non-sens.

Pour quel changement ? Il habite notre incompréhension, Il habite notre révolte, Il habite nos cris.

Un indéfinissable *plus* surpasse l'événement. La Paix peut s'inviter et se recevoir.

L'amour est là.

La Sur-Présence contient le sens.

Ce que je regarde

« Je deviens ce que je regarde » disait sainte Thérèse d'Avila. Ce que je regarde avec insistance et envie finit par me scruter et peut envahir mon champ de conscience. Mon intelligence le fait entrer dans de bonnes raisons. Ces mêmes motifs me justifient et nourrissent mes émotions. Les actes ancrent les habitudes.

La vigilance du cœur invite à prendre conscience de ce que nous regardons à partir de ce que nous désirons devenir.

L'origine et la finalité se rejoignent.

Alpha et Oméga, le Seigneur est le modèle.

La place du doute

Il nous arrive de connaître le doute. De quel doute s'agit-il ? De l'existence de Dieu ? De Son intention ? De Sa proximité ? De Son amour ? De Ses projets pour nous ? De Son assistance ? De Sa protection ?

Parvenons-nous à toujours distinguer la nature du doute ?

La question est dialogue avec le Créateur.

Transformer le doute en question permet de le muer en quête spirituelle. Le doute invasif rend la quête permanente, il trouve en la prière son plus puissant antidote.

Une attitude de recherche d'alliance

La recherche d'alliance repose sur le développement des attitudes de coopération. Cela consiste à penser que les forces de convergences sont plus fructueuses que les puissances de séparation et d'isolement. La pensée disjonctive, souvent spontanée, fondée sur l'opposition ne va sans doute pas chercher assez loin... Elle entraîne le besoin d'affirmer une position et de la défendre.

Construite sur la recherche des points d'appui et des aspirations, la pensée convergente favorise les attitudes d'écoute, de compréhension et d'empathie. Elle invite à l'interdépendance fondée sur la question : comment pouvons-nous faire ensemble ?

Elle commence par un travail intérieur de recherche d'unité.

Elle ne peut se déployer vraiment qu'à partir du moment où nos contradictions internes sont en grande partie résolues.

Le Seigneur est au service de cette quête d'unité.

La véritable puissance de Dieu

Souvent, nous observons l'impuissance apparente de Dieu, son silence et son attentisme devant les épreuves semblent raboter nos vies.

« Maître, nous sommes perdus, cela ne te fait rien ! » (Marc, 4-38)

Cette impuissance est paradoxalement l'expression même de Sa toute-puissance. La Vie éternelle fait exploser toutes les frontières. Nous n'avons pas la mesure des choses. Dieu ne souhaite pas diminuer cette puissance de vie qui nous est réservée.

L'enfermer dans les contours restreints du mal pourrait nous être préjudiciable.

Alors Il descend dans le monde sans s'y enfermer et nous montre la voie vers la grande dilatation.

La véritable mesure des choses est l'infini de Son Amour.

La confiance, seule, en permet l'accès.

L'Espérance

Nous nourrissons souvent l'espoir que les choses changent pour les ramener à nos désirs ou bien à nos besoins. L'Espérance serait-elle de même nature ? Est-elle valide si les choses ne changent pas ? Par l'Espérance, nous mettons notre confiance dans les promesses de Dieu. L'Espérance fait venir, par anticipation, la perspective heureuse du bonheur qu'Il promet.

L'espoir se conjugue au conditionnel, l'Espérance au futur.

L'éternité ne commence pas après l'existence sur terre, elle est déjà contemporaine de notre vie.

L'Espérance invite au changement de point de vue, au changement de regard sur le monde, sur la communauté humaine, sur nous-même, et ce, à tout moment. Elle change l'homme ou la femme que nous sommes ; nous devenons donc une nouvelle personne capable de créer une relation renouvelée avec le réel.

Le changement de regard sans limites fracasse les frontières des circonstances que l'on croyait victorieuses.

Notre matrice

Quelle est notre matrice, la racine à partir de laquelle croît ce que nous sommes ? Quel est notre appui quand nous sommes seuls face à nous-même, sans fard, sans masque social, sans alibi ?

Notre matrice est notre mère car elle engendre ce que nous devenons. Elle oriente notre vie.

Notre véritable matrice est la Mère de Dieu, elle peut nous engendrer vers la part la plus haute de notre propre réalisation. Elle nous conduit sur le chemin de la lumière, de la divinisation.

La puissance de la rencontre

Une seule rencontre, même fugace, peut modifier radicalement notre existence. Évagre disait : *« Mieux vaut un seul mot dans l'intimité que mille dans l'éloignement »*. Ces moments de qualité, ces mots prononcés restent alors gravés dans nos cœurs et deviennent des guides intérieurs qui ont le dynamisme des réactivations.

Toute rencontre peut surprendre et provoquer un dévoilement. Ne les préjugeons pas, l'ouverture du cœur peut être un réflexe qualitatif à réactiver le plus souvent possible.

Imaginons un instant à quel point la rencontre avec Dieu peut bouleverser une vie !

Un seul moment d'intimité avec Dieu donne une nouvelle compréhension, une nouvelle appréhension, une nouvelle destination.

L'intelligence du cœur

L'intelligence concerne l'art de relier, beaucoup l'exercent *a contrario* et l'utilisent comme un outil de séparation.

Relier les réalités, relier en soi, c'est-à-dire comprendre à l'intérieur ce qui se dit ou bien ce qui est tu. Comprendre depuis l'intérieur permet à notre cœur profond de redonner à l'intelligence sa véritable nature. Elle se déploie par les liens et s'atrophie par les coupures.

Les véritables liens sont ascendants et nous invitent au dépassement et à la transcendance.

L'intelligence déployée se reconnaît dans ce mouvement.

La dimension réelle des choses

Dieu reste l'inchangé. Cela n'a rien à voir avec la staticité. Son amour pour nous ne s'amoindrit jamais, son but intangible est de nous diviniser, de nous rendre semblable à lui. Sa constance est notre appui, notre sécurité.

Son énergie, trace de son identité au service de ce but, est illimitée.

Si le mouvement nous étourdit, son intangibilité nous recentre.

Si ce qui est mouvant nous effraie, Sa constance est notre ancre.

Dans le tourbillon des circonstances, par Sa présence sûre, Dieu confère aux événements leur dimension réelle.

Le corps est messager

Par la respiration profonde, j'accueille le positif et je rejette le négatif, je favorise la recherche d'équilibre.

Par le renforcement musculaire, je me tonifie, je me redresse, je gagne en certitude intérieure.

Par l'assouplissement, je travaille la flexibilité intérieure, la ductilité à l'Esprit de Vie.

Par l'endurance, je travaille ma ténacité, mon aptitude à l'action, la fidélité de mes engagements.

Le corps est fait pour le mouvement, c'est un ami fidèle qui mérite le soin et l'attention.

Il exprime notre finalité.

Par sa fragilité, il montre notre finitude.

Par ses possibles, il invite au dépassement.

Il est le messager de l'éternité.

Vers la transformation

Nous croyons que notre vie ne repose principalement que sur les grandes décisions.

Le quotidien détient une force de transformation que nous mésestimons. Les micro-décisions si souvent répétées détiennent une véritable puissance transformatrice.

C'est encourageant, cela signifie que le quotidien est un maître de vie accessible à tous.

Certaines transitions sont des instillations qui ne se laissent pas observer dans le court terme mais qui deviennent des pas de géant dans le temps long.

Après un laps de temps plus long, nous sommes frappés par cette transformation : celle-là même que notre cécité cachait.

La divinisation

La proximité brûlante avec le Seigneur, dans la fulgurance d'une expérience, ne relativise pas notre réalité mais la resitue dans ses enjeux véritables.

Nos paroles et nos actes trouvent leur orient.

L'harmonisation de nos vies se fait par notre divinisation.

Nos questions souvent irrésolues

Les questions que nous posons à Dieu ne se résolvent pas au niveau où elles se posent.

Une fois passées par le tamis de la charité, elles n'ont déjà plus le contenu initial.

Nos questions rejoignent le cœur attentif de Dieu avant même qu'elles soient posées. Dieu amorce sa réponse pour qu'elle entre en communion avec Sa nature profonde.

Des réponses inappropriées seraient un frein à notre destinée spirituelle. Ce que nous croyons être des distorsions ne manifeste en fait que la prévenance pour les grands ajustements.

L'amour infini de Dieu

L'amour infini de Dieu ne nous doit rien.

Notre vie spirituelle démarrera vraiment qu'à partir du moment où cette pensée entrera dans le cœur profond.

La vie spirituelle ouvre la porte à la grande inversion des valeurs et des croyances spontanées.

L'amour infini de Dieu nous donne tout.

Nous ne devons notre divinisation qu'à Dieu seul. Nous perdons du temps si nous l'envisageons à partir de nos catégories, l'ascension est fulgurante quand le primat revient à Dieu.

Le laisser-faire

Avant l'opération, nous nous abandonnons aux mains du chirurgien. Ses compétences et l'environnement scientifique renforcent notre confiance.

Quelle partie de nous-même mérite-t-elle d'être endormie pour laisser Le Médecin des âmes et des corps, le Médecin total, faire œuvre de guérison profonde ?

Quelle part de laisser-faire dans le flux du contrôle ?

Ne pas laisser le soin se faire est préjudiciable et pourtant nous l'ignorons souvent.

Relecture du soir

Convoquer nos actes et nos décisions de la journée pour rouvrir de l'intérieur la porte de notre rapport au monde est profitable : c'est une relecture.

Tenter de rejoindre leur intention initiale, leur origine et leurs conséquences permet de revoir l'harmonie de notre propre mélodie.

Ces quelques minutes extorquées à la trépidation de nos vies nous installent dans une dynamique transformante.

La justesse de la pulsation entre l'intériorité et l'extériorité fait notre grandeur et notre attraction.

L'amour fou de Dieu

Qu'est-ce que l'irruption chrétienne dans un monde qui ne l'est pas ?

C'est avant tout l'amour fou de Dieu pour les hommes : *manikos eros.*

Toute qualité de présence témoigne de la Sur-Présence silencieuse, mystérieuse et agissante de Dieu dans le monde.

Sûr de la qualité du gain ultime, Il permet les pertes.

Confiant en Son action, Il laisse faire.

Il est le modèle relationnel.

Ce vers quoi nous allons

Ce qui nous arrive est une chose, ce vers quoi nous allons est tout autre.

Rechercher toujours et partout l'Auteur de la bonté et le Créateur de la beauté emplit une existence entière.

C'est l'antidote au remplissage et l'invitation à la plénitude.

Être soi-même

Nous choisissons nos groupes d'appartenance et nos communautés de façon parfois éphémère au gré de nos mouvements internes.

Nous cherchons des confirmations.

Et si la confirmation de nos croyances reposait sur la richesse d'une vie intérieure ?

Le creuset des solitudes choisies ne nous éloigne pas des communautés mais nous y réinstalle avec le recul de l'épreuve personnelle.

La profondeur des choses

Parfois, nous nous expérimentons brûlant.

Nous voyant ardent, nous nous croyons profond.

Le temps est notre allié pour reconnaître l'authenticité de l'ardeur et débusquer l'illusion des embrasements fugaces.

L'accomplissement

Notre besoin ultime est le sens de l'accomplissement.

Il fait émerger la part la plus haute de toute personne.

Ce besoin a son germe en chacun de nous, il nécessite un déblaiement.

Son déblaiement peut devenir un réflexe en toute circonstance : professionnelle, personnelle, amicale... S'il devient réflexe, il ne prend pas de temps.

L'homme pressé est sans alibi.

Le travail intérieur

Nos colères révèlent par inversion les valeurs qui nous fondent, c'est-à-dire ce pour quoi nous sommes prêts à nous battre.

Nos colères peuvent se transformer en une œuvre d'une vie ; la colère qui ne se mue pas nous étouffe dans une enveloppe trop étroite.

Nos colères peuvent se muer en engagement positif et nos indignations peuvent fleurir en contribution.

Encore une fois, le travail intérieur est transformation. Il est stimulation.

Le dialogue de la vie

Accepter les influences extérieures peut être une bonne chose. La porosité d'une vie montre son ouverture.

Filtrées par les membranes de l'expérience personnelle, ces influences enrichissent le vivant qui est en nous.

La solitude plurielle à laquelle nous sommes appelés est confrontation permanente entre les influences externes et les appels intérieurs : approche dialogale d'une vie dans le phrasé de notre cœur profond.

Spontanément…

Spontanément, nous recherchons l'objection.

La spontanéité est-elle critère de vérité ?

Merveille que je suis

« Je reconnais devant Toi, la merveille que je suis » dit le psaume 138. C'est la source de l'estime de soi.

Nous possédons la clef du renforcement de l'image de soi-même.

C'est une stabilité dans le changement des jours, c'est une immunité contre les aléas.

Pourquoi vouloir chercher ailleurs ?

Pour tous, pour quelques-uns…

Notre relation à Dieu est unique, notre union avec Lui prend une forme inédite.

Témoigner de notre joie est pour tous.

Agir pour les hommes est chose publique.

En revanche, parler du miel de cette union mystique se fait avec les sages aux oreilles attentives.

Quel est le feu qui m'habite ?

Quel est le feu qui m'habite en dehors des tendances et des attentes extérieures ?

Mes actes ne le traduisent peut-être pas... Mes paroles en sont peut-être très éloignées...

Pourtant sous la cendre brûle une braise qui m'est personnelle.

Ma vie est inflammable de vérité et de profondeur.

Si j'allais au cœur de mon brasier, je serais transfiguré.

Un futur préférable au présent

Trois syndromes à éviter :

Le syndrome de l'imposteur : cela n'est pas pour moi.

Le syndrome du prince charmant : j'attends le miracle fondateur.

Le syndrome de la vague scélérate : tout me submerge.

Trois paroles à retenir :

« Merveille que je suis. » (Ps 138)

« La venue du royaume ne se laisse pas observer. » (Luc 17,20)

« Ayez foi en Dieu. » (Marc 11, 22)

Il existe toujours un futur préférable au présent.

Il commence dans la vie intérieure.

Le but est lumineux

Il est profitable de perdre les couches successives du moi extérieur pour écouter progressivement les paroles cachées du « JE » intérieur.

Il est des ruptures fécondes qui permettent de révéler notre véritable identité.

Cela arrive tôt ou tard, par un travail intérieur ou par les événements.

Choisir dans la joie ou être choisi dans les événements.

Dans les deux cas, le but est lumineux.

Que désirais-tu ?

Que désirais-tu au moment de la naissance des idéaux ?

Reprenons l'élan initial, gardons la pureté des espérances tout en ajoutant la sagesse née de nos expériences.

S'il est bien quelque chose que nous ne devons jamais perdre, c'est l'émerveillement de nos cœurs d'enfants.

Cela paraît simple… La vie semble apprendre autre chose, mais la Vie Vivante nous y ramène toujours.

Que désires-tu pour demain ?

Attiré par le terme

Vouloir rechercher l'utilité de la transcendance dans la vie quotidienne est vouée à l'échec.

C'est d'un ordre tout autre. La transcendance transforme la perception, l'interprétation du réel et, par la suite, en générant un nouveau rapport au monde, le transforme et nous transforme.

Le futur de l'utilité est remplacé par LE TERME du but, c'est-à-dire la finalité de toute vie : l'amour de Dieu.

Rechercher la profondeur

Toujours rechercher la profondeur cachée dans les êtres, les événements et le monde…

Cette voie est accessible à tous, à tout moment.

Les circonstances paraissent amoindries mais les enjeux sont majorés.

La vie sensorielle

La vie sensorielle est sous-estimée, la vie cérébrale devient le modèle de l'homme moderne. Pourtant, l'ouïe, la vue, le toucher, l'odorat, le goût permettent un rapport au monde pétri d'invocation, d'inspiration, de sensation, d'exaltation…

C'est une porte d'entrée pour la sensibilité, elle-même invitation à l'émerveillement.

Le début de la spiritualité ?

Notre contribution irremplaçable

Nous sommes porteurs de quelque chose de spécifique, nous possédons une orientation du cœur particulière, nous avons une identité singulière.

Cela nous rend unique.

Le monde attend, en gémissant, notre contribution irremplaçable.

La neutralité

Il est de mon devoir de décider librement si je dois entrer dans la lumière ou bien dans les ténèbres.

C'est une illusion de croire que la neutralité existe.

Le surcroît d'humanité

La sagesse réside peut-être dans le fait de refuser toute réciprocité négative.

Simplement se laisser inspirer pour rechercher l'espace de créativité qui permet de sortir des impasses.

Le gain est le surcroît d'humanité que nous avons permis.

C'est aussi un surcroît de divinité.

La responsabilité du dirigeant

La responsabilité du dirigeant est d'apporter la paix.

Toute décision contraire mérite d'être mûrie…

L'atelier du cœur

Dans bien des situations, nous sommes pour nous-même notre propre geôlier. Nous construisons les barreaux de l'autolimitation.

Si nous en doutons, il nous suffit d'écouter attentivement les paroles vraies des amis si nous la leur laissons.

Le courage de notre propre libération est avant tout une aventure intérieure : connaître nos blocages et les affronter avec humilité est chose très profitable.

Notre cœur est un atelier. Y avons-nous assez d'assiduité ?

Quel est le modèle ?

La vie spirituelle enjambe les deux rives de l'existence. L'une prépare l'autre, mais laquelle ?

C'est sans nul doute la plénitude de la résurrection qui constitue le modèle.

À partir du tableau final se dessinent les contours de notre vie.

En nous trompant de modèle, nous caricaturons la vie.

Notre histoire

L'ère numérique laisse penser que la réinitialisation est la solution.

Si certaines ruptures sont profitables, les tables rases sont utopiques.

Nous sommes inscrits dans une histoire personnelle et collective qui a gravé notre esprit, notre corps, notre cœur…

L'Esprit nous rend contemporain de notre propre histoire. Il nous révèle nos qualités et nous confirme les bonnes directions. Il ouvre nos yeux sur nos fragilités et nous place sans cesse dans notre forge intérieure où nous modelons notre cœur.

Richesse de la grande transformation.

Nous avons besoin d'autre chose

Nous avons besoin d'autre chose, et nous le cherchons dans le semblable.

Réalisons le saut de valeur auquel nous sommes appelés pour sortir de l'impasse :

cherchons le Seigneur.

Nos cris

Nous sommes porteurs de cris intérieurs que nous gardons cachés.

Le cœur des forêts est le lieu idéal des proférations vitales et primales.

Le cri est parfois le seul témoin de notre quête d'absolu.

Allons pousser nos cris dans les forêts.

Les arbres, nos médecins, commenceront leur travail.

Notre chef-d'œuvre

Pouvoir donner une part personnelle dans sa mission professionnelle est une grande joie.

Le don de soi est à l'œuvre.

C'est la voie du chef-d'œuvre qui porte une dimension d'éternité par ses attributs les plus reconnaissables : la beauté, la bonté, la charité.

L'art

L'art pénètre l'âme.

Une inspiration créatrice rejoint une aspiration réceptive.

Le moment suspendu de l'émotion ne doit pas être trop vite atténué par la description et par l'explication.

L'art célèbre la subjectivité, garante de la singularité de notre existence.

Tôt ou tard, nous rencontrerons la solitude du non-dit et de l'inexplicable.

L'art nous l'enseigne sans mot. Il nous apprend, par expérience, la dépossession et l'ouverture aux mystères.

La poésie

La poésie, par sa puissance d'évocation, est sans doute l'art le plus révolutionnaire.

Rien ne peut la contenir car elle est création, cela veut dire qu'elle est origine et finalité.

On ne remonte pas jusqu'à sa source et elle n'a pas de terme.

Le monde du contrôle et de la maîtrise la minore ou la bâillonne : deux illusions !

Beaucoup sur-réagissent

Les tsunamis, invisibles en eaux profondes, ravagent les côtes. Les vagues prennent leur volume dévastateur quand il y a peu de profondeur.

Une invitation à la profondeur ?

Nos questionnements

Quels sont nos regrets cachés sous l'humus ? Quelles sont nos fleurs qui n'ont pas traversé le tapis de feuilles mortes ?

Regrettons-nous de ne pas regretter ?

La façon dont nous nous questionnons nous révèle bien davantage que nos affirmations ou bien nos négations.

Le but vient vers nous

Donner le plus haut degré de soi-même et de façon la plus constante possible le meilleur de nous-même ?

C'est impossible, mais c'est ce que Dieu fait pour nous de façon absolue, sans faille et sans rupture...

Notre réponse ne sera jamais à la hauteur mais ce n'est pas Son attente.

« Tu me crées Seigneur, je ne cesse de sortir de Tes mains » dit le psaume 138.

Essayons simplement d'ajuster notre vie et acceptons de ne pouvoir atteindre le but car Il vient vers nous.

Les plus faibles

Protéger les plus faibles et les plus vulnérables est le plus sûr moyen de ne jamais rater les bonnes transformations personnelles.

Toute décision est une direction.

Le besoin de comprendre

Le besoin de comprendre est bien légitime, la résolution de nos questions est-elle indispensable à notre avancée dans l'existence ?

L'incompréhension fait tout autant partie de la vie.

Laquelle a le plus de valeur ?

Si nous acceptons une part d'irrésolu dans les événements, dans les rencontres, dans les comportements, nous ouvrons la porte au lâcher-prise. Ultimement, l'acceptation du non-sens constitue sans doute la plus grande maturité du sens.

En confiant à Dieu ce qui nous échappe, nous Lui donnons une part de nous-même dans notre besoin de compréhension. Ce que nous lui confions prend souvent la forme d'un fardeau dont on s'allège. En nous en libérant, nous libérons aussi notre entourage car rien n'est isolé. Tout est relié à la communauté humaine : force et fragilité de notre reliance.

Les épreuves traversées

Nous avons sans doute traversé bien des épreuves…

Elles ne forment pas un creux dans l'existence qu'il faudrait combler par compensation.

Elles auraient pu ne pas arriver mais elles nous constituent.

Elles nous font communier avec le gémissement du monde, si large et si profond. Le désespoir frappe sans cesse à la porte.

Cependant, le monde contient en lui-même les germes d'un Nouveau Monde.

Ce n'est parfois que cet horizon qui nous maintient debout.

Notre réveil

Notre réveil révèle l'intention de tout notre être.

Notre première pensée est l'orient de notre journée.

Elle est moins spontanée que ce que nous imaginons car elle est le reflet de ce que nous désirons.

Elle est résurgence de nos pensées dominantes.

La seule pensée de l'arbre est sa verticalité. Il y met dès l'aurore sa puissance, son énergie, sa résilience.

L'émerveillement

L'émerveillement réconcilie ou enrichit notre rapport au monde. C'est l'éducateur du cœur. Il élargit toute réalité : l'épanouissement d'une fleur révèle le cosmos, le sourire d'un enfant parle de l'humanité, la flamme de la bougie exprime la liturgie de l'existence, une main ouverte devient fraternité.

Le fragment comprend la totalité, le petit contient l'immensité.

L'émerveillement déverrouille le cœur et ouvre les accès au plus grand que soi.

Prendre soin

Prendre soin est un puissant ralentisseur de temps. L'empressement rend les gens transparents. La précipitation des événements qui se succèdent abrase les reliefs et fait disparaître le goût unique des choses.

Prendre soin nécessite de ralentir, de regarder, de décider, d'accompagner.

L'éthique est un marqueur de temps, les décisions égrènent bien davantage les horloges que les secondes et les minutes. En distinguant la nature des moments, nous augmentons la valeur de chacun.

Celui qui est emporté par le temps peut simplement décider de prendre soin, il sera artisan de sa destinée.

Recentrement

Pouvoir et vouloir se recentrer dans le silence constitue une chance incomparable. Une seconde, quelques minutes ou bien davantage, les bienfaits sont considérables pour nous-même, pour les autres et pour le monde.

L'empressement ne saurait constituer un alibi, la fulgurance d'une intuition spirituelle peut réorienter une existence entière.

Atteindre, même de façon diffuse, les zones frontières de l'existence dont on perçoit les lignes dans notre cœur profond est sans doute l'aventure humaine la plus exaltante qui soit. Elle est souhaitée pour tous et accessible à chacun.

Aller jusqu'à l'âme

Chercher à aller jusqu'à l'âme, dans les conversations, au cœur des événements, dans les tâches personnelles ou professionnelles, dans les moments de joie ou dans les épreuves. Surtout ne pas s'arrêter trop tôt, mais creuser le sillon de la profondeur contenue dans la réalité.

Cela ne convoque pas de temps ajouté, pas d'énergie supplémentaire... juste un regard de qualité, une bienveillance, une main symbolique qui se tend pour relever le cours des choses.

Une orientation du cœur lentement construite dans la monotonie du quotidien transforme le prosaïsme en un prophétisme au service de tous.

Vers l'accomplissement...

La vie intérieure constitue bien une aventure et abat les cloisons. Les zones d'ombre s'amenuisent et le chemin vers la lumière devient plus éclatant.

Je ne peux que le souhaiter - ardemment - pour chacune et chacun.

Mobiliser l'être profond pour aller jusqu'à l'accomplissement est possible et désiré par Dieu lui-même,

et cela,

pour nous-même !

Table des matières

Du même auteur

Philippe Paré. *Cet ami qui se cache*. Éditions Nepsis-pare, 2018.

Philippe Paré et Cécile de Pommereau. *Calumet et la pièce d'or.* Éditions Nepsis-pare, 2019.

Philippe Paré et Cécile de Pommereau. *Calumet fait la paix.* Éditions Nepsis-pare, 2020.

Philippe Paré. *Intensifier sa vie*. Réédité aux Éditions Nepsis-pare, 2021.

Philippe Paré, Don Paul Préaux, Don Jacques Vautherin, Don Louis-Hervé Guiny, Don Jean-Rémi Lanavère. *Coach et prêtres en dialogue*. Éditions Nepsis-pare, 2021.

Éditions Nepsis-pare
12 rue du docteur Bonhomme
69003 Lyon
sophie@nepsis-pare.fr
https://www.nepsis-pare.fr/

Achevé d'imprimer septembre 2022
par SEPEC Numérique - 01960 Péronnas

Dépôt légal septembre 2022

ISBN : 978-2-490527-31-1
Imprimé en France

PEFC 10-31-3532